Préface
Didier Davoust le 14 Août 2012

Raoul Tévès est né le 14 Septembre 1961 à Cologne en Allemagne. Il est le fils du peintre allemand Dieter Tévès - de milieu social humble - et de Christine Girard Leduc - de la haute bourgeoisie parisienne. Raoul eut une vie mouvementée, une vie en enfer: De gros problèmes familiaux qui le firent échouer au baccalauréat, différents petits boulots, l'exclusion, la précarité... Cela ne l'empêcha pas d'étudier et de travailler sa créativité. Raoul décida de réussir avec sa créativité... Il est l'un des piliers du projet "frag", l'emblème de celui-ci et l'un des chefs de file du grand renouveau culturel-poétique-littéraire-socio-politique, artistique en cours....
Avec Raoul, c'est l'espoir au delà de l'espoir...
Raoul a longuement travaillé la maîtrise de son art... Avec son art poétique, Raoul, en quelques mots synthétise des pages et des pages de poésie. En outre, il fait aimer la poésie à des gens qui sont rébarbatifs à cet art ! Avec Raoul c'est l'énergie, Raoul est un poète puissant !

Ce recueil "Au syndicat des Anges - Le cheval ardent au pré d'or" a été écrit dans les années 1980. Il est accompagné d'encres de Raoul. Avec Raoul, changez d'époque, ouvrez-vous aux nouvelles perspectives !...

Dans
    Le
        Soir

Au grand
   Nord

Le vent
 S'éteint

Comme une mèche
        De regard

Comme un silence
        De torture

    Il se fait
          Mort

C'est le moment
      Où
Dans les morceaux
      De glaces

    L'entrechoque
        Se
Deguise

Dechainée
La ville est claire

                                      N.Y
                                    Les taxis

                Une parole

                Farcie de tours
                De jade

                Bleues noires
                Et couleurs
                            L'ecran

Ensuite
        Avec les souvenirs
                      Ecran

                Des divans

Aurore

Les chemins
    Se croisent

    Infirmes
   Mutans
     Dans la nuit

   L'aurore

Source ronde
Aux fleurs soucieuses

        La clarté

    Ondes fraiches

       Les jours

La mort attend
Le jeu s'y prète

Losange
        Triangulaire

Du fond

    Du château

Une forme
        Inouie
          Se degèle

    Un pas
    De plus

      Le recul

La place
De la rue
      S'invente
      À elle même

    Semaine
    L'envol
        Un saut
        Toujours

Et la répètition

Le promeneur
    De la cité
        D'Icare

    S'est perdu

Les chambres
        Sont vides

Et le silence
        Pendu

    S'entrecroise
    De temps

Des jours
Il y a des bars
           Abandonnés

  Comme des autocars
  La paix survole

        Saine
     La marche

              S'emboutonne

Elle Connaît
Tout le monde
La vieille dame

Meme le tour de lèvre
Des enfants

Dans les

Tout petit petit café

Avez vous su

    Momie   serpent
        Ou

    Le phallus

Dans un temps donné
      Rêve pendu

Dans une

    Chambre noire

Zeus dans la cité
Imagine la Terre

        Accentuée
        Dans la différence
Les rondes
    Sondées
        Démesurantes
   Rougissent

   Terre rouge
       Experience

Le sexe meurt
   Englouti
   Dans les vomissements

   Interférence

   Brin poêtique

   Traduction de l'arbre

   Ainsi fond

   Le rapport galactique
   La pluie vivante
   Le méteor de la Lune

De l'echo
Du chant

Soutures
        Infirmantes

L'arbre a sombré

A minuit le vent
     le Nord

    Les cris et les sabres
    Dans
       Les granges
       En désordre

      La vie

Bien faire
      Avec l'espoir
      Radical
            Construit

      Demonté
      Dans les vagues
      Et en mer

Faire l'esprit bien
      Comme
      Un moule de Lune
      Cent fois tourné

      Dans les antres
      De la mort

Dans le soir
      Sous les Âmes ou
      Dans les carrosseries

Sortira
      Le produit
      Sombre
      Et amoli

De votre musculation
      Ecervelée

Adieu
>> **Les palaces**
>> **Les reines**
>>>> **Les nuits**

Dans un autre moment

>>> **L'Osmobile**
>>>>> **S'arretera**
>>> **À l'interieur**
>>> **Le cuir**
>>> **La souplesse**

Lumineuse

Ensuite
>> **Viendra**
>> **Meurtri**
>>>> **Le charme**

Faire glisser

>>>> **L'espace lumineux**

>>> **Jour canadien**
>>> **Cela juste**

Emporté
        Le chant
        De baleine
        Sue et moissonne
        Evaporé
        Dans un mirage

        Près d'un bateau
        Traqué

        Son oraison

        À suivre
        Au fond de la Terre

        Sur un angle nu
        De grosses pierres

Alors nichées
        Emfumées
        Dans
        Un cataplypse

        Son enfant de marbres
        Et de cire

La Terre

Bougeant
        Rouge
                De pierre
    Tu arrêteras
                Le flux
                Infâme
    Rytmé de Feu
    D'écroulements
    Et de lumière

Au jour à la nuit
Les marches
            T'ouvriront

Soleil
    Tu crois
    Un instant
    Danst ton
            Sèptre

Ô Regard
Comme le mont
        Ovidien
Dans l'ombre

        Tu calculas l'Eternité

Le long du temps
        Insolites
        Les châteaux

Les phares du ciel
          Palaces et chemins
   Une chevauchée
   Se déplaçait

La cédille se levait
   Courte

    Miroitée des fées
   La jeune fille
Au jour
      L'archange
             D'Aurore

    Mutait
        Au soleil

Masse

Ce qu'il faut
Et ne faut pas refaire
                        Dans le train
                                  Miroité
                      Dans l'écho
               Mordu
                        Dechiré
               Englouti
                            Dans
l'Espagne
                                Dueliste

Ce qui fut
Et ne fut pas refus

    Dans le lys brillant
    Au mont sacré

      Miroir d'argent
      Four l'ivre Dieu

      Dans son Espagnolette
      De cuivre et d'or

Les lustres
    Par magie
    Decouverts
    D'âmes et de siure

  Rameaux
 Au devant

 Dans les coupures

        Un éclat
        Une planète

        Un sud

        Se baissent

Crépuscule, la nuit
        Tu diras
        Nous sommes

  Ci Git
 Cîrat l'eclat
    Du sol

    Dans les montures Du soleil

Éternelle la vie serait

Va
   Touche nue
   De tous les rêves

   Tu giras
   Dans un tombeau

   Fondue
        Dans des spectacles
          Precieux et ridicules

Tu seras
      La fille nue
      Au cœur de pierre

Mort
    Signe
        La pierre
            Puis

Quatre cris
        Et le vent
        Reviendra

Tous pourront
      Tels des défuns

      Se mouvoir
      Dans les deserts

Notre Dame
        Des fois
                Se monte

  Ficelle
  En son cul de sac

  Le musée du temps
  Se conjugue

Avec ceci
La pierre se pilant
         En nos maisons
         Et sur nos mains
La rue
    L'hiver
        L'enfer
            Le ciel

Secoue nos motrices

HASARD DES OISEAUX

DES FOIS
IL Y A

          UNE LENTEUR
          L'OISEAU CHANTE
          LES PLAINTES
BRETONES

          DES CYGNES
          S'ENVOLLENT

ET LE TEMPS
          PLUVIEUX ET SAGE
          S'AGITE

Aujourd'hui

La lueur s'intille
    De taches
        D'or et de Mazout

Zeus Ulysse

S'en vont tristes
    Ennui
    Rose croix

    Tigre et enfant

    Image
    Victime
Le rouge ardent

Du chevalier s'ajenouiyant

      Assoiffe

    Le taureau roux
    De douleur
    Et de sang
Aujourd'hui et ce soir
Les mystiques chauffent
Le tison d'acier

Collection FRAGMENTATION

**Retrouvez la poésie de Raoul Tévès, avec
« Mille Neuf Cent Quatre Vingt Deux»**

… Mais aussi de Didier Davoust !

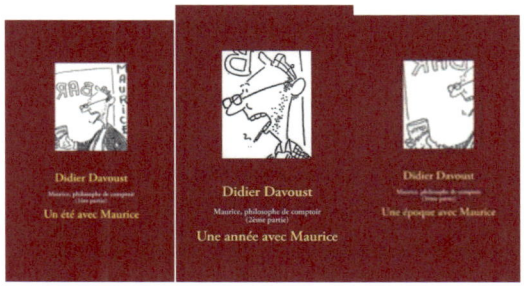

Tome 1 : Un été avec Maurice !
Tome 2 : Une année avec Maurice !
Tome 3 : Une époque avec Maurice !

Collection FRAGMENTATION
© 2013, Raoul Tévès
Edition : BoD - Books on Demand, 12/14 rond-
point des Champs Elysées, 75008 Paris
Imprimé par BoD - Books on Demand GmbH,
Norderstedt, Allemagne
ISBN : 9782322032402
Dépôt légal : Juin 2013